Excel BI

Em 100 páginas

Aprenda os fundamentos de forma rápida e prática

Roger F. Silva

Create and Learn

contact.createandlearn@gmail.com

createandlearn.net

www.linkedin.com/in/roger-f-silva

A Versão do Microsoft Excel utilizada neste livro é a 365 MSO (16.0.12527.20260) - Março 2020

ISBN: 9798632464772

Sumário

1. Prefacio 7

2. Pontos abordados 9

3. Windows e Excel Necessários 10

    3.1. Importante saber... 11

4. Início 12

    4.1. Excel BI e Inteligência de Negócios................... 12

    4.1. O conjunto de dados - dataset 13

    4.2. Adicionando o Power Pivot................................ 14

    4.1. Obtendo dados.. 15

    4.1. Editando as Consultas.. 20

5. Modelo de Dados...31

    5.1. Criando Relacionamentos.................................. 31

    5.2. Criando Colunas Calculadas 36

    5.3. Criando Medidas Calculadas 39

6. Dashboard de Vendas 41

    6.1. Preparando o Painel 41

    6.2. Inserindo Imagem e preparando os cartões 45

    6.3. Gráfico dinâmico de coluna............................... 48

    6.4. Gráfico dinâmico de linha.................................. 61

    6.5. Gráfico dinâmico de barras................................ 68

    6.6. (Power) PivotTables 77

    6.7. Conectando um mapa à uma tabela dinâmica.... 87

    6.8. Finalizando os cartões.. 94

6.9.   Mapa 101

6.10.   Criando Filtros – Linha do Tempo 106

6.1.   Criando Filtros – Segmentação de Dados........................ 111

7.   Próximos passos..118

8.   Obrigado...120

Encontre mais livros da série **100 Páginas** no site
www.100paginas.com.br

Painel - Dashboard a ser criado neste livro.

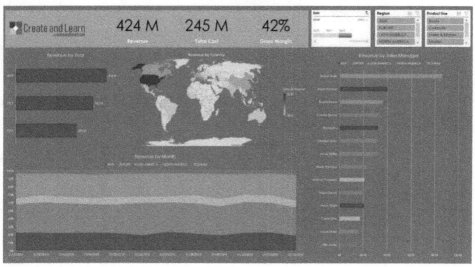

Desafio sugerido.

1. Prefacio

Olá,

Vivemos uma revolução na forma como consumimos e trabalhamos com dados e embora o Microsoft Excel já tenha mais de trinta anos, ele continua parte dessa revolução, ajudando organizações a tomarem decisões acionáveis baseadas em dados.

Aprender como trabalhar com dados pode abrir novas e melhores oportunidades no mercado de trabalho, negócios e estudos. E a série **100 páginas** é uma excelente maneira de iniciar sua jornada de aprendizado.

*"Os livros da série **100 Páginas** utilizam uma estrutura descomplicada e de fácil assimilação transmitindo de forma rápida e prática os pontos mais importantes de cada assunto."*

Neste livro **Excel BI em 100 páginas - Aprenda os fundamentos de forma rápida e prática**, você seguirá passo-a-passo as etapas para a construção de um Dashboard profissional enquanto se familiariza com tópicos importantes do Microsoft Excel BI (Power Query, Modelo de Dados e Power Pivot), um poderoso conjunto de ferramentas para Business Intelligence. Você aprenderá como obter dados de fontes externas, modelar seus dados, trabalhar com recursos visuais e relatórios, e criar um painel de vendas

Não entraremos em teorias profundas pois o objetivo é aproveitar ao máximo o tempo dedicado e aprender os fundamentos de forma rápida e prática em ao menos 100 páginas de conteúdo. Adicionalmente, links para **materiais complementares** gratuitos serão sugeridos caso você queira se aprofundar em um determinado assunto.

Espero que este material ajude a iniciar a sua jornada no mundo dos dados e desperte seu interesse em criar relatórios e painéis profissionais utilizando o Microsoft Excel para Inteligência de Negócios.

Divirta-se!

Roger F. Silva

Sydney, Austrália

contact.createandlearn@gmail.com

www.linkedin.com/in/roger-f-silva

https://www.createandlearn.net/pt

Encontre mais livros da série **100 Páginas** no site www.100paginas.com.br

2. Pontos abordados

Neste livro, Excel BI em 100 Páginas, os principais pontos abordados serão:

1- Utilizar o Excel para Inteligência de Negócios (Power Query, Modelo de Dados e Power Pivot)

2- Manipular imagens, objetos e gráficos.

3- Criar cálculos personalizados usando DAX (Data Analysis Expressions).

4- Criar e configurar Linha do tempo.

5- Criar e configurar Segmentação de Dados.

6- Criar e editar tabelas e gráficos dinâmicos.

7- Criar gráficos especiais a partir de fórmulas vinculadas ao Power Pivot.

8 - Formatação avançada de gráficos.

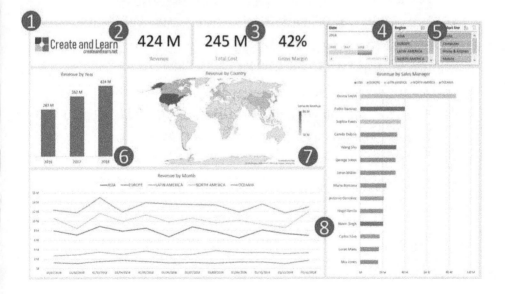

3. Windows e Excel Necessários

No momento, o PowerPivot **<u>NÃO</u>** está disponível para **MAC** e **iOS**, apenas para Microsoft Windows.

Para tirar o máximo proveito deste livro, você precisa ter uma versão do Excel com o Power Query (Obter e Transformar Dados) e o PowerPivot. Se você não possui um, pode fazer o download de uma avaliação gratuita, de um mês, do Excel mais recente e usar a versão de avaliação para seguir este livro.

Se você precisar da versão de teste, poderá fazer o download no site da Microsoft ou tentar este link: https://products.office.com/pt-BR/try

Você precisará de:

1. Sistema operacional Windows: Windows 7 ou posterior

2. Ter uma das seguintes versões do Microsoft Excel:

- Versão de teste recente: https://products.office.com/pt-BR/try
- Assinatura do Office 365 - com Excel para Windows
- Office Professional 2019
- Office Home & Business 2019
- Office Home & Student 2019
- Office 2016 Professional Plus (só disponível através de licenciamento por volume)
- Office 2013 Professional Plus
- Excel 2013 autônomo
- Excel 2016 autônomo

A versão do Microsoft Excel usada neste livro é o 365 MSO (16.0.12527.20260).

Se você tiver alguma dúvida sobre compatibilidade, acesse a página da Microsoft ou procure no Google por: **Onde está o Power Pivot?**

3.1. Importante saber

Alguns pontos são essenciais para se ter em mente quando você começar a trabalhar neste livro:

a. O Power Query e o Power Pivot são ferramentas poderosas do Excel e exigem boa capacidade de processamento, funcionam melhor em uma versão de 64 bits.

b. Para garantir que todos os exercícios funcionassem sem problemas na versão mais lenta. Este livro foi testado também em versão 32 bits.

c. Salve seus arquivos! Embora eu não tenha tido nenhum problema durante a criação deste livro, é recomendável salvar seus arquivos à medida que prosseguir.

d. A Microsoft está atualizando constantemente o Microsoft Excel. Embora ícones ou menus possam mudar o conhecimento deste livro poderá ainda ser colocado em prática.

4. Início

4.1. Excel BI e Inteligência de Negócios

O principal objetivo da Inteligência de Negócio ou Business Intelligence (BI) é ajudar as pessoas e empresas a tomarem melhores decisões e, de acordo com o site Wikipedia, o Business Intelligence é um conjunto de metodologias, processos, arquiteturas e tecnologias que transformam dados brutos em informações significativas e úteis usadas para permitir estratégias mais eficazes, insights táticos e operacionais e tomada de decisões.

Até recentemente, as soluções de Business Intelligence eram voltadas para o BI de nível corporativo, com produtos complexos e dispendiosos, e a maioria do trabalho era feita por profissionais de TI.

Atualmente, você pode encontrar uma variedade de soluções de BI de autoatendimento. Essas soluções permitem que vendedores, analistas, gerentes e uma variedade de profissionais obtenham dados, modelem os dados, criem visualizações e os compartilhem.

O **Power Query** para Excel é uma tecnologia de conexão de dados que permite aos usuários obter dados de várias fontes, combiná-los e refiná-los. Quando os dados estiverem disponíveis, o usuário poderá usar o **Modelo de Dados** (Data Model) e o **Power Pivot** para criar modelos de dados, definir relacionamentos e criar cálculos.

Essa poderosa combinação do **Power Query, Modelo de Dados** e **PowerPivot** é chamado neste livro de **Excel BI**, essas ferramentas tornam o Excel uma viável opção para Inteligência de Negócios, permitindo que os usuários obtenham milhões de linhas de dados, modelem os dados, construam relacionamentos, criem customizações. cálculos, criar relatórios, painéis e visualizações.

4.1. O conjunto de dados - dataset

Este livro utiliza um conjunto de dados amigável e de fácil leitura, composto por quatro tabelas contendo as informações de vendas de uma empresa fictícia.

As tabelas contêm títulos e conteúdo em inglês, para que você possa publicar um Dashboard com apelo global, podendo ser compartilhado através da web.

Essas são as tabelas que você encontrará:

Sales: contém os principais dados de vendas em um intervalo de três anos.

Region: contém países e regiões onde a empresa opera.

SalesManager: contém os nomes do gerente de vendas por país.

Dates: contém datas e grupo de datas.

Para baixar o arquivo com o conjunto de dados utilizado neste livro, visite o site <u>createandlearn.net/bifiles</u> clique no arquivo **SalesData.xlsx** para baixar o arquivo no seu computador.

Book material:

Right-click the image and click on **Save image as**

SalesData.xlsx

4.2. Adicionando o Power Pivot

1- Para ativar o Power Pivot, abra o Excel e clique na guia **Arquivo**.

2- Selecione **Opções**.

3- No menu esquerdo clique em **Suplementos**. Na lista **Gerenciar** selecione **Suplementos COM** e clique **Ir**.

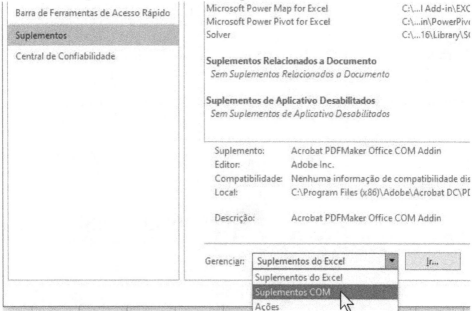

4- Ative as opção **Microsoft Power Pivot for Excel** e clique **OK**.

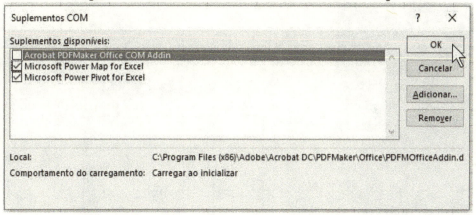

5- A guia **Power Pivot** será adicionada na faixa de opções.

4.1. Obtendo dados

1- Para baixar o arquivo com o conjunto de dados utilizado neste livro, visite o site <u>createandlearn.net/bifiles</u> clique no arquivo **SalesData.xlsx** para baixar o arquivo no seu computador.

Aproveite para salvar a imagem **Create and Learn**. Clique com o botão direito na imagem e selecione **Salvar Como** e salve a imagem em seu computador ou clique no botão **Download** sobre a imagem.

SalesData.xlsx

2- Crie uma nova **Pasta de trabalho em branco**.

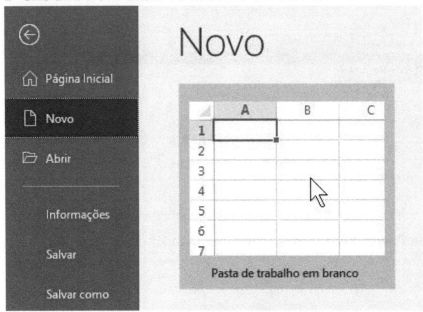

3- Clique em **Salvar**.

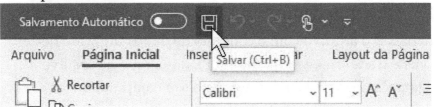

4- Digite o nome do arquivo **Excel BI em 100 Paginas – Dashboard de Vendas** e clique em **Salvar**.

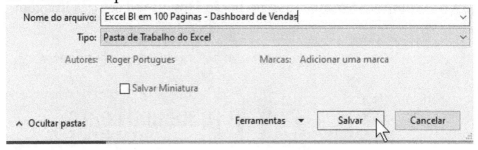

5- Na guia **Dados**, clique em **Obter Dados** e selecione, **De Arquivo** e em seguida **Da Pasta de Trabalho**.

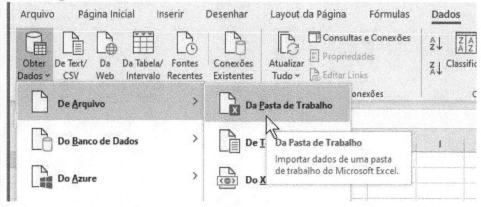

6- Selecione o arquivo baixado do site **SalesData.xlsx** e clique no botão **Importar**.

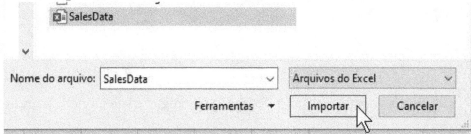

6- Marque a caixa **Selecionar vários itens** e selecione as quatro planilhas.

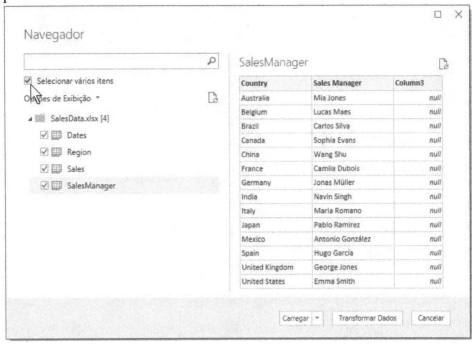

7- Clique nas opções ao lado do botão **Carregar** e selecione **Carregar para**.

8- Ao invés de carregar os novos dados diretamente em uma planilha nós criaremos apenas uma conexão, dessa forma deixaremos visíveis no Dashboard somente os dados necessários. Selecione **Apenas Criar Conexão** e também a opção **Adicionar estes dados ao Modelo de Dados**. Clique **OK**.

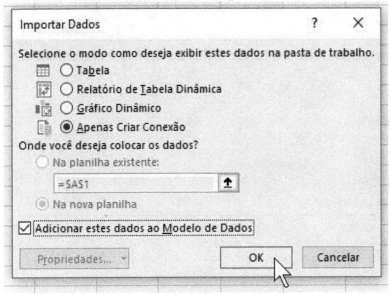

9- Na guia **Dados** ative a opção **Consultas e Conexões**. Observe que o painel da direita mostrará as consultas criadas.

4.1. Editando as Consultas

Muitas vezes, quando você coleta dados, eles não estão estruturados ou limpos como você precisa. No Excel você pode utilizar o Power Query Editor onde é possível editar consultas, formatar e transformar seus dados para que eles estejam prontos para seus modelos e visualizações.

1- Clique com o botão direito na consulta **Sales**, e selecione **Editar**.

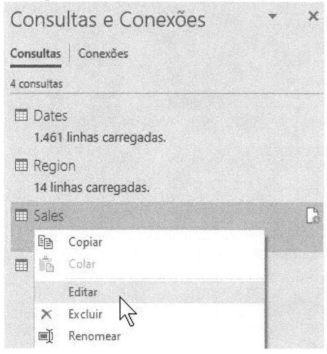

2- Power Query Editor (Editor de consultas)

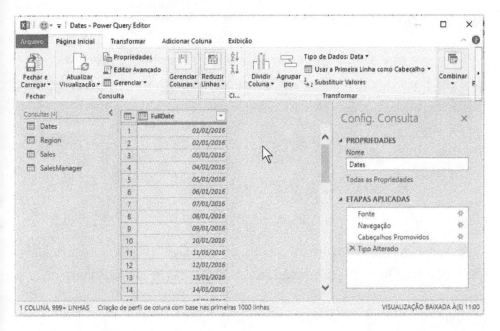

3- Para criar uma coluna com o custo total (total cost) de cada venda vá na guia **Adicionar Coluna** e clique em **Coluna Personalizada**.

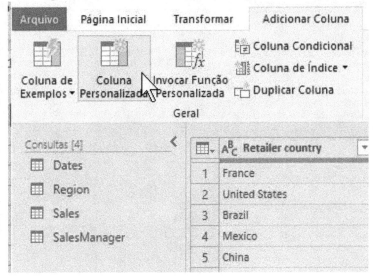

4- Na janela **Coluna Personalizada** digite o nome da nova coluna **Total Cost**. No campo **Fórmula de coluna personalizada,** insira a fórmula:

[Unit Cost]*[Quantity]

5- Observe que ao digitar a fórmula o Excel também apresenta atalhos para os campos correspondente ao texto inserido.

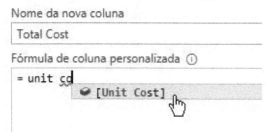

6- Essa fórmula multiplicará a coluna Unit Cost (Custo Unitário) pela coluna Quantity (Quantidade). Clique no botão **OK** para criar a coluna.

7- Observe que os passos executados foram gravados no painel **Etapas Aplicadas**. Aqui ficam gravados as alterações e customizações realizadas nas consultas. Neste painel é possível executar ações como editar, mover e remover etapas.

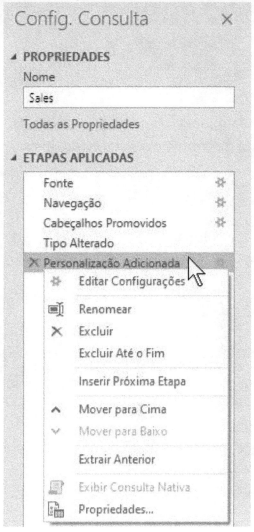

8- Para criar uma coluna com o resultado bruto (gross result) de cada venda vá na guia **Adicionar Coluna** e clique em **Coluna Personalizada**.

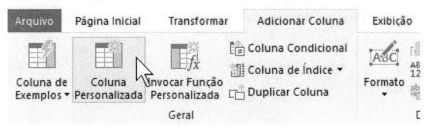

9- Na janela **Coluna Personalizada** digite o nome da nova coluna **Gross Result**. No campo **Fórmula de coluna personalizada,** insira a fórmula:

[Revenue]-[Total Cost]

10- Clique no botão **OK** para criar a coluna.

11- Clique no cabeçalho da coluna **Price** para selecioná-la, segure a tecla **shift** e clique na coluna **Gross Result** para selecionar o conjunto de colunas.

Em seguida, na guia **Página Inicial**, clique **Tipo de Dados** e selecione **Moeda**.

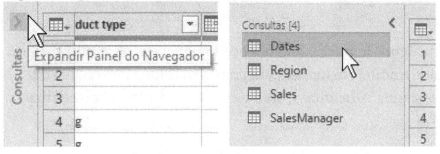

12- No painel **Consultas** selecione a consulta **Dates** (Se precisar expanda o painel Consultas).

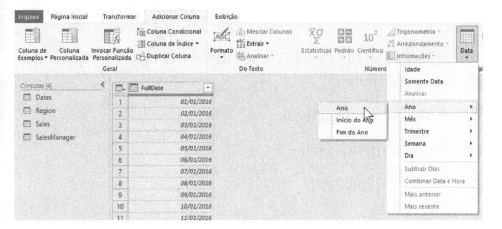

13- Selecione a coluna **FullDate**. Na guia **Adicionar Coluna**, clique em **Data** e selecione **Ano**.

14- Observe que uma nova coluna foi criada com os anos relativo as datas da coluna **FullDate**. Selecione novamente a coluna **FullDate**. Na guia **Adicionar Coluna**, clique em **Data, Mês** e selecione **Início do Mês**.

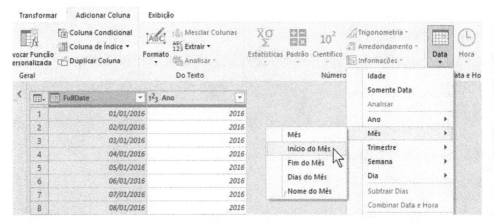

15- Em alguns lugares o ano financeiro (Financial Year ou FY) inicia em julho e acaba em junho, para criar essa coluna personalizada clique na guia **Adicionar Coluna** e selecione **Coluna Personalizada**.

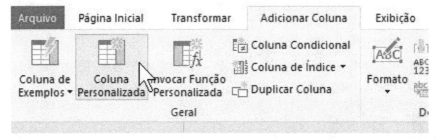

16- Na janela **Coluna Personalizada** digite o nome da nova coluna **FY**. Insira a fórmula:

if Date.Month([FullDate]) > 6

then Date.Year([FullDate]) + 1

else Date.Year([FullDate])

17- Clique no botão **OK** para criar a nova coluna.

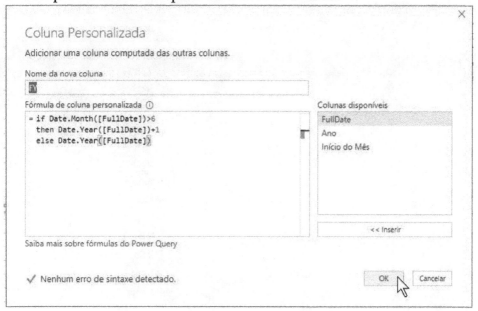

Detalhe da fórmula:

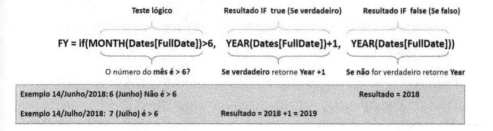

18- No painel **Consultas** selecione a consulta **Region.**

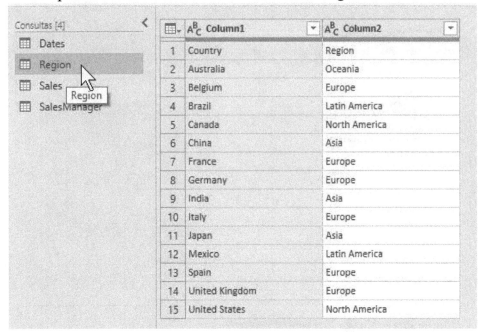

	A^B_C Column1		A^B_C Column2	
1	Country		Region	
2	Australia		Oceania	
3	Belgium		Europe	
4	Brazil		Latin America	
5	Canada		North America	
6	China		Asia	
7	France		Europe	
8	Germany		Europe	
9	India		Asia	
10	Italy		Europe	
11	Japan		Asia	
12	Mexico		Latin America	
13	Spain		Europe	
14	United Kingdom		Europe	
15	United States		North America	

19- Observe que o Excel não identificou o nome dos cabeçalhos **Country** (País) e **Region** (Região). No lugar foram inseridos os nomes Column1 e Column2.

20- Para corrigir os cabeçalhos clique na guia **Página Inicial** e selecione **Usar a Primeira Linha como Cabeçalho**.

21- Observe que os cabeçalhos das colunas foram alterados e este e todos os passos executados foram gravados no painel **Etapas Aplicadas**.

22- Para padronizar os nomes das regiões em maiúscula. Selecione a coluna **Region** e clique com o botão direito sobre a seleção. Clique em **Transformar** e selecione **Maiúscula**.

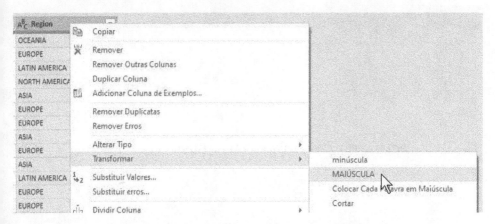

23- Caso o Excel tenha identificado uma coluna vazia como no exemplo da imagem, remova a coluna vazia **Column3;** selecione a coluna, clique com o botão direito sobre ela e selecione **Remover**.

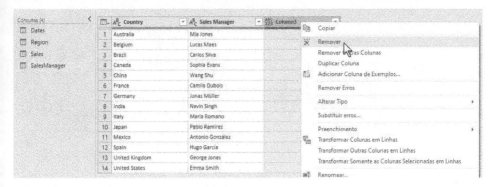

24- Na guia **Página Inicial** clique em **Fechar e Carregar**. Dessa forma todas as alterações serão salvas e você será direcionado de volta ao Workbook.

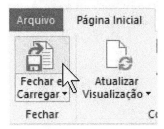

25- Clique em **Salvar** para salvar seu arquivo.

5. Modelo de Dados

O modelo de dados é uma ferramenta poderosa que carrega os dados na memória do Excel. Tornando possível criar relacionamentos entre dados sem usar fórmulas como PROCV. Em seguida, os dados podem ser usados para criar relatórios e gráficos através da Tabela Dinâmica (Power Pivot) e Gráfico Dinâmico (Power Charts).

Você também pode usar fórmula DAX (Data Analysis Expressions) para criar novas informações a partir dos dados que você já possui no seu Modelo de Dados.

5.1. Criando Relacionamentos

1- Na aba **Power Pivot** clique em **Gerenciar**.

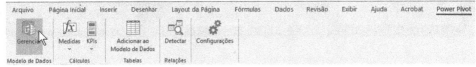

2- Na guia **Página Inicial**, clique em **Exibição de Diagrama**.

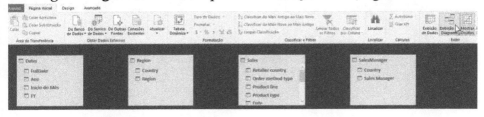

3- Na Exibição de Diagrama você poderá definir como as tabelas se relacionarão. Observe que um bloco representa uma tabela e suas colunas. Já as linhas conectoras representam relacionamentos.

4- Você pode arrastar e redimensionar os blocos para melhorar a visualização.

5- Na tabela **Dates** clique no campo **FullDate** e arraste até o campo **Date** da tabela Sales. Observe que essa ação criará um relacionamento entre as tabelas representada pelas linhas. As setas indicarão a direção do filtro. O número 1 e *, mostram a cardinalidade.

Amplie seu conhecimento: Caso você queira entender melhor como funciona os relacionamentos entre tabelas leia o artigo deste link:
createandlearn.net/post/relacoesexcel

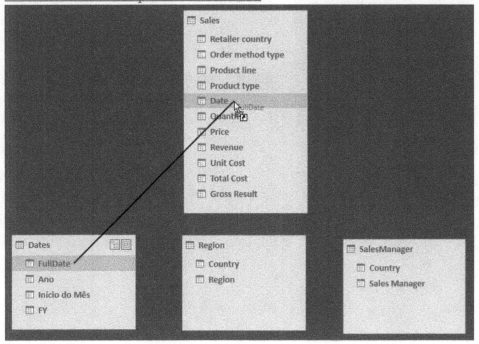

6- Na tabela **Region** clique no campo **Country** e arraste até o campo **Retailer country** da tabela Sales.

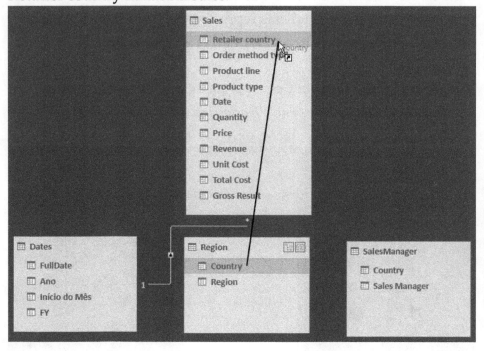

7- Na tabela **SalesManager** clique no campo **Country** e arraste até o campo **Retailer country** da tabela Sales.

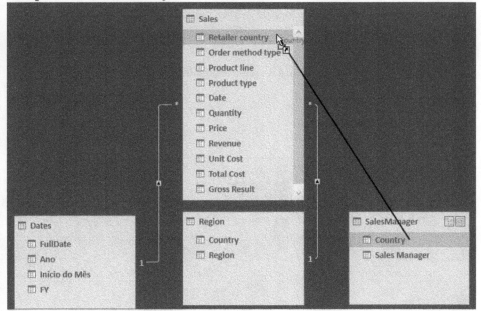

8- Clique duas vezes sobre a conexão entre **Sales** e **SalesManager** para editar a relação.

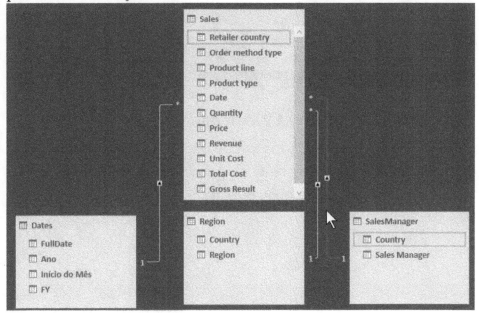

9-A janela **Editar Relação** mostrará os detalhes do relacionamento. Observe que a coluna **Retailer country** da tabela **Sales** se relaciona com a coluna **Country** da tabela **Sales Manager**. Você pode utilizar essa janela para editar os relacionamentos quando precisar. Clique **Cancelar** para sair.

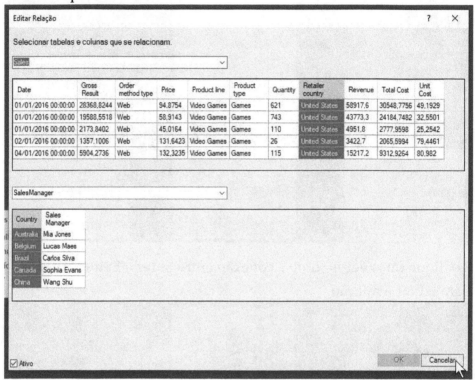

5.2. Criando Colunas Calculadas

As **Colunas calculadas** permitem que você transforme dois ou mais elementos de um dado existente para criar uma nova coluna com dados que a tabela original não possuía.

1- Ainda na janela **Power Pivot** clique em **Exibição de Dados**.

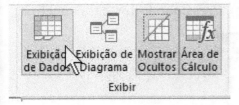

2- Selecione a planilha **Sales**.

3- Vá na ultima coluna a direita e clique na célula abaixo do cabeçalho **Adicionar Coluna**.

4- Na barra de fórmulas, digite a fórmula utilizando a função If (Se):

=if(Sales[Quantity] > 500; "Over 500" ; "500 or Under")

Pressione **Enter** para finalizer.

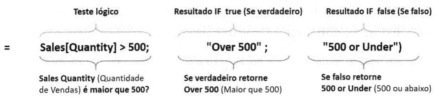

Detalhe da fórmula:

Teste lógico	Resultado IF true (Se verdadeiro)	Resultado IF false (Se falso)
= Sales[Quantity] > 500;	"Over 500" ;	"500 or Under")
Sales Quantity (Quantidade de Vendas) **é maior que 500?**	**Se verdadeiro retorne** Over 500 (Maior que 500)	**Se falso retorne** 500 or Under (500 ou abaixo)

5- Clique duas vezes no cabeçalho da nova coluna altere o texto para **If Study** (Estudo da função Se). Pressione Enter para concluir.

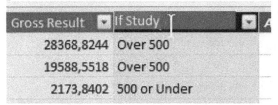

6- Clique na primeira célula da coluna a direita **Adicionar Coluna**.

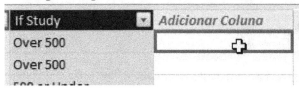

7- Na barra de fórmulas, digite a fórmula:

=Sales[Price] * Sales[Quantity]

8- Insira o cabeçalho **Multiplication Study** (estudo de multiplicação). Pressione Enter para concluir.

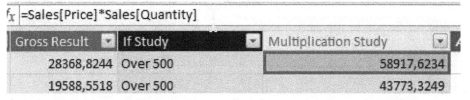

9- Clique na primeira célula da coluna a direita **Adicionar Coluna**.

10- Na barra de fórmulas, digite a fórmula para concatenar as colunas **Retailer country** e **Product line**:

=Sales[Retailer country]&" - "&Sales[Product line]

11- Insira o cabeçalho **Concat Study** (estudo do concatenar).
Pressione Enter para concluir.

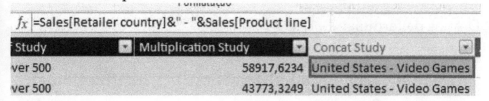

Study		Multiplication Study		Concat Study	
ver 500		58917,6234		United States - Video Games	
ver 500		43773,3249		United States - Video Games	

fx =Sales[Retailer country]&" - "&Sales[Product line]

12- Clique **Salvar** e feche a janela do Power Pivot para retornar.

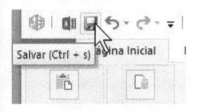

5.3.   Criando Medidas Calculadas

As **medidas calculadas** são executadas conforme você interage com
seus relatórios. Elas não são armazenadas nas tabelas e são úteis
quando há necessidade de calcular percentuais, taxas ou agregações
complexas.

1- Na guia **Power Pivot**, clique em **Medidas** e selecione **Nova
Medida**.

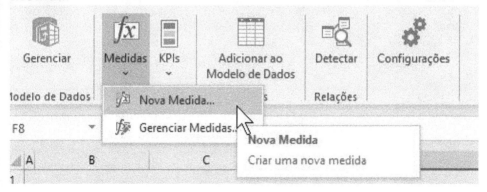

2- Na janela medida, selecione o nome da tabela **Sales** e digite o
nome da medida **Gross Margin** (margem bruta). Insira a fórmula:

=(sum(Sales[Revenue]) - sum(Sales[Total Cost])) / sum(Sales[Revenue])

Detalhe da fórmula:

3- Clique **OK** para finalizar.

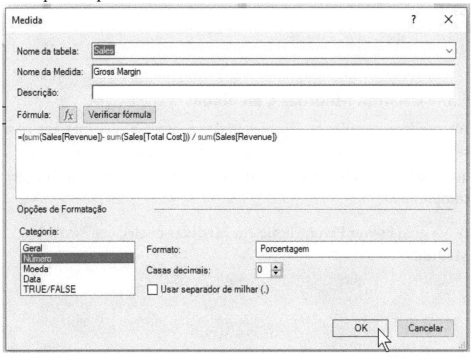

Amplie seu conhecimento: Caso você queira entender melhor como utilizar Medidas no Power Pivot leia este artigo:
createandlearn.net/post/exceldax-pt

6. Dashboard de Vendas

Criar relatórios e Dashboards no Excel pode ser fácil e intuitivo. Você pode mover as visualizações, copiar e colar, mesclar e assim por diante.

Neste capítulo você irá utilizar os dados preparados para construir um dashboard de vendas.

6.1. Preparando o Painel

1- Clique com o botão direito no nome da planilha **Planilha 1** e selecione **Renomear**. Renomeie a planilha como **Sales Dashboard** (Painel de Vendas).

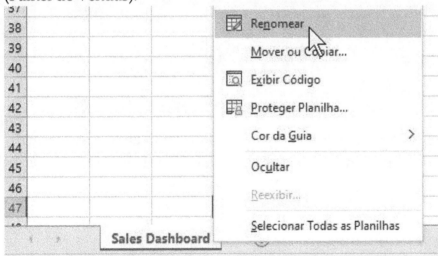

2- Na guia **Layout de Página**, **Linhas de Grade** desative a opção **Exibir**.

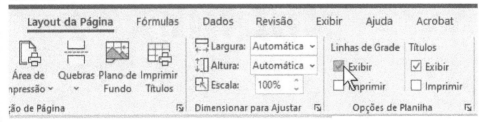

3- Clique na célula A1 e arraste até Q43 para selecionar o intervalo.

4- Com as células selecionadas clique na guia **Página Inicial** e altere a cor do preenchimento para **Cinza Claro, Plano de Fundo 2**.

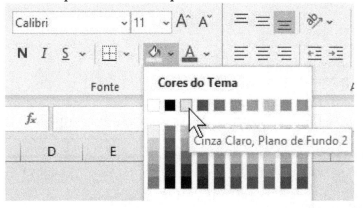

5- Selecione o intervalo de células B2:D3 e altere o preenchimento para **Branco**.

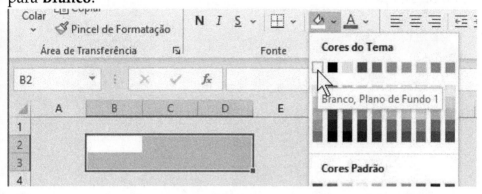

6- Altere o preenchimento para **Branco**, também, das células F2:F3, H2:H3 e J2:J3.

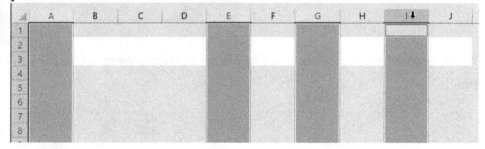

7- Clique na coluna A para selecionar; segure a tecla **ctrl e clique** para selecionar as colunas E, G e I.

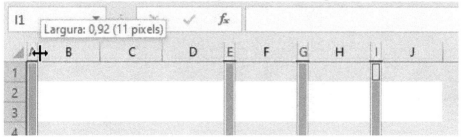

8- Altere a largura das colunas para 0,92 ou 11 pixels.

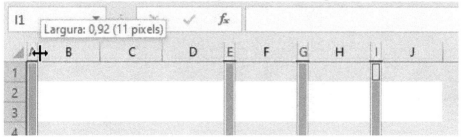

9- Selecione as colunas F, H e J; e altere a largura das colunas para 34,00 ou 243 pixels.

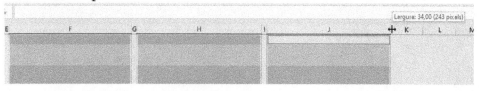

10- Altere a altura da linha 2 para 73,50 ou 98 pixels.

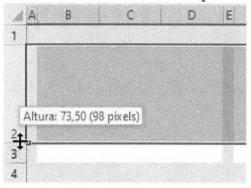

11- Altere a altura da linha 3 para 40,50 ou 54 pixels.

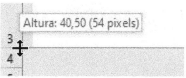

12- Selecione as colunas B, C e D e altere a largura para 16,43 ou 120 pixels.

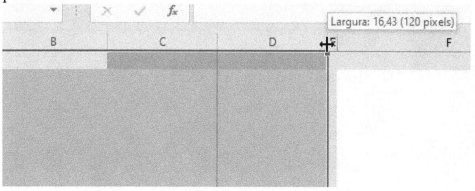

13- Selecione o intervalo de colunas K:Q e altere a largura para 11,71 ou 87 pixels.

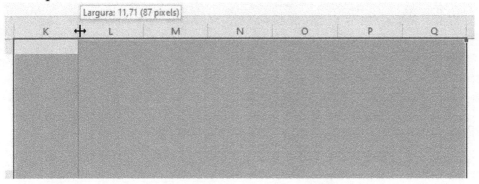

6.2. Inserindo Imagem e preparando os cartões

Para personalizar seu Dashboard você pode adicionar imagens como logos, barras, fundos, botões.

Para salvar a imagem que utilizaremos, visite a página createandlearn.net/bifiles , clique com o botão direito sobre a imagem e selecione **Salvar imagem como**. Ou clique no botão de download sobre a imagem. Selecione o destino e clique **OK**.

1- Na guia **Inserir** clique em **Imagens** (Ilustrações).

2- Selecione a imagem **Logo** e clique em **Inserir.**

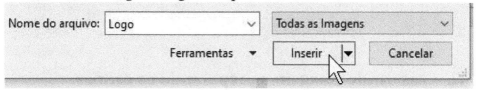

3- Com a imagem selecionada vá na guia **Formato da Imagem** e altere a Altura para **2,6** e a Largura para 9,2.

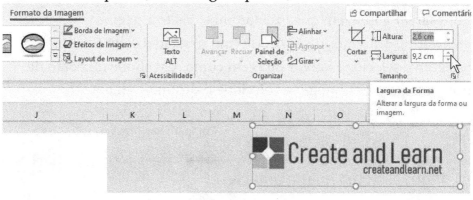

4- Clique e arraste a imagem para a área entre a coluna B e D.

5- Na célula F3 insira o texto **Revenue** (receita), na célula H3 insira o texto **Total Cost** (custo total) e na célula J3 insira o texto **Gross Margin** (margem bruta).

6- Selecione o intervalo de células F3:J3 e altere a cor da fonte para **Branco, Plano de Fundo 1, Mais Escuro 50%**. Altere o tamanho da fonte para **16** e alinhamento **Centralizado e no Meio**.

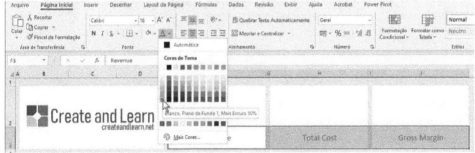

6.3. Gráfico dinâmico de coluna

Neste painel o gráfico de coluna deverá mostrar a receita total por ano.

1- Na guia **Inserir**, clique em **Gráfico Dinâmico** e selecione **Gráfico Dinâmico**.

2- Selecione a opção **Usar Modelo de Dados deste pasta de trabalho**, selecione também a opção **Planilha Existente**. Selecione como local a célula **B5** ('Sales Dashboard'!$B$5) e clique **OK**.

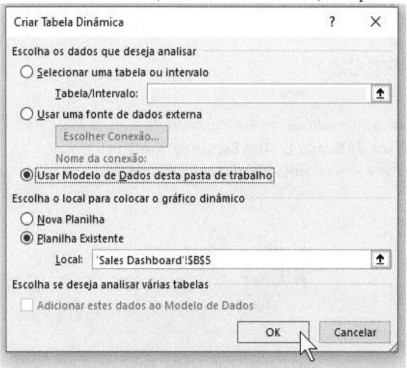

3- A lista de campos, contém os campos do gráfico ou tabela dinâmica. Para ativar a lista vá na guia **Análise de Gráfico Dinâmico** e ative a **Lista de Campos**.

4- Clique nas setas a esquerda dos cabeçalhos para expandir as listas.

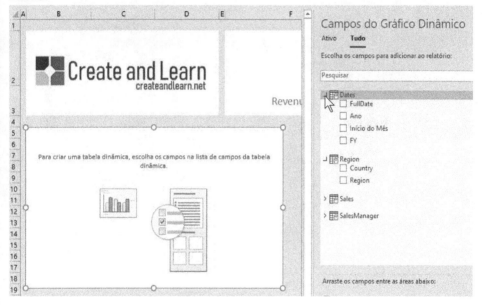

5- Para mover os campos basta arrastalos ou clique como botão direito sobre o campo e selecione o destino. Mova o campo **Ano** para o grupo **Eixos (Categoria)** e mova o campo **Revenue** para o grupo **Valores**.

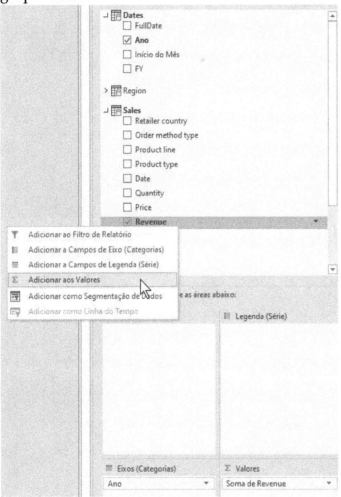

6- Veja o resultado na imagem a seguir.

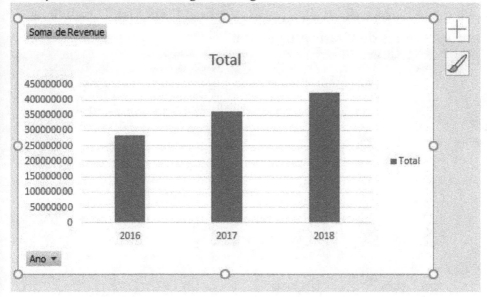

7- Com o gráfico selecionado vá na guia **Formatar** e altere a Altura para **9,62** e a Largura para **9,54**.

8- Clique no botão com símbolo de "+" (Elementos do Gráfico).
Selecione **Eixos** e desative a opção **Vertical Principal**. Desative as
opções **Linhas de Grade** e **Legenda**.

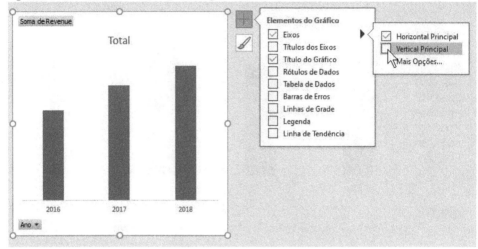

9- Clique com o botão direito em qualquer coluna para selecionar a série e mostrar o menu. Selecione **Formatar Série de Dados**.

10- Selecione **Opções de Série** altere a **Sobreposição de Séries** para 0% e **Largura do Espaçamento** para 100%.

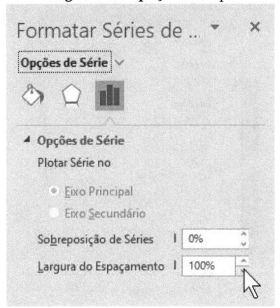

11- Em **Elementos do Gráfico** ative a opção **Rótulo de Dados** e selecione **Mais Opções**.

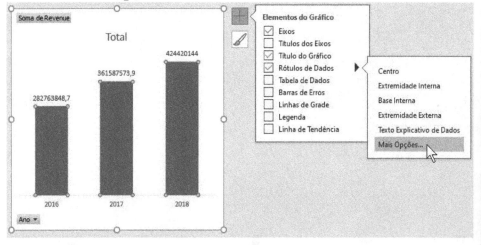

12- Em **Opções de Rótulo**, no grupo **Número** selecione a categoria **Personalizado**. Na caixa **Código de Formatação** digite **#.. "M"** clique em **Adicionar**. Essa ação irá alterar a formatação dos números para Milhões.

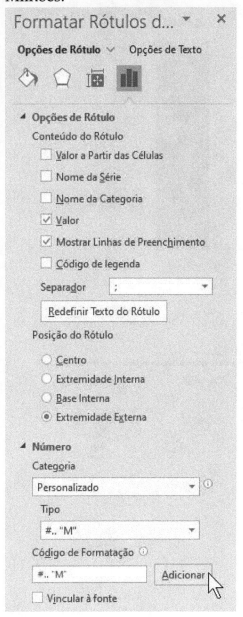

13- Clique sobre o eixo horizontal para seleciona-lo.

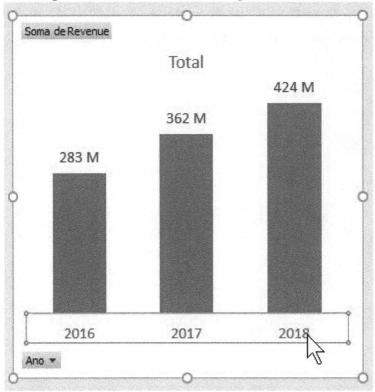

14- Altere o tamanho da fonte para 12.

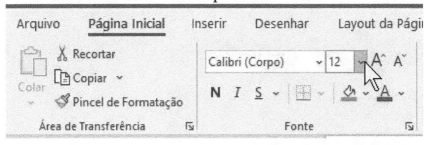

15- Em **Análise de Gráfico Dinâmico**, clique em **Botões de Campos** e selecione **Ocultar Tudo**.

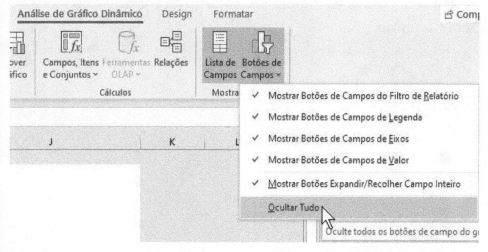

16- Clique duas vezes sobre o título do gráfico e insira o título **Revenue by Year** (Receita por ano).

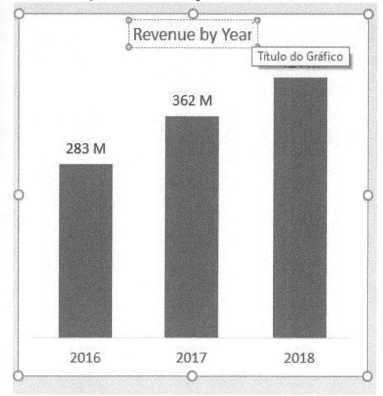

17- Na guia **Formatar**, clique em **Contorno da Forma** e selecione **Sem Contorno**.

18- Clique com o botão direito sobre o gráfico e selecione **Opções de Gráfico Dinâmico**.

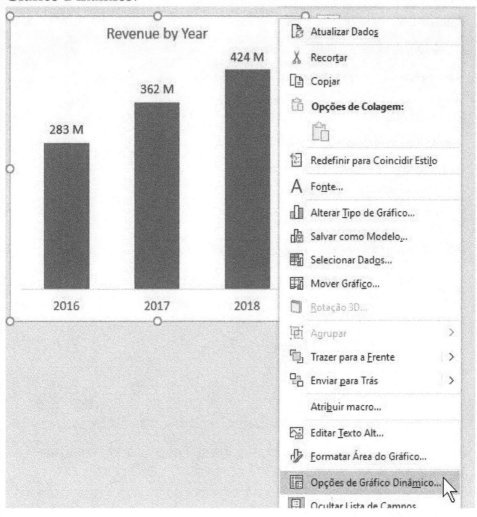

19- Altere o **Nome do Gráfico Dinâmico** para **cRevenueByYear** e clique **OK**.

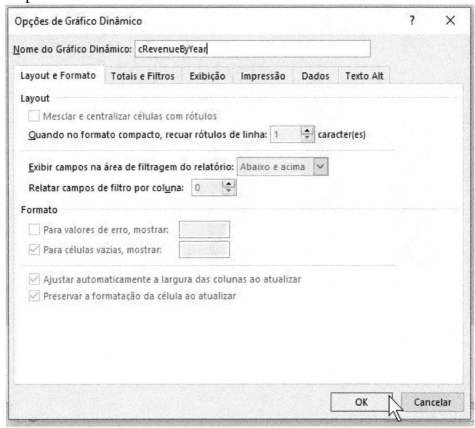

16- Mova o gráfico para ter um resultado similar ao da seguinte imagem.

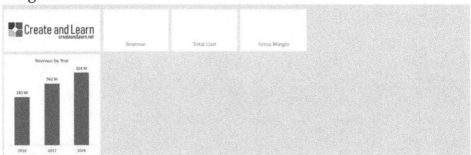

6.4. Gráfico dinâmico de linha

Neste painel o gráfico de linhas deverá mostrar o total de receita (revenue) por mês e por região (region).

1- Na guia **Inserir**, clique em **Gráfico Dinâmico** e selecione **Gráfico Dinâmico**.

2- Selecione a opção **Usar Modelo de Dados deste pasta de trabalho**, selecione também a opção **Planilha Existente** e clique **OK**.

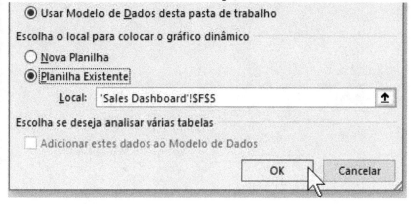

3- Mova o campo **Início do Mês** para o grupo **Eixos (Categoria)**, mova o campo **Revenue** para o grupo **Valores** e mova o campo **Region** para o grupo **Legenda (Série)**.

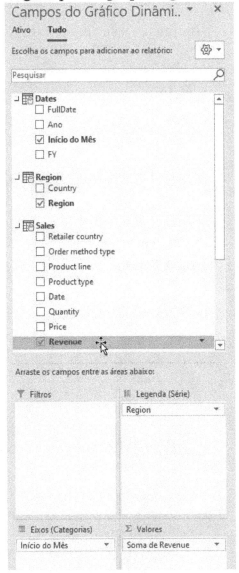

4- Em **Análise de Gráfico Dinâmico**, clique em **Botões de Campos** e selecione **Ocultar Tudo**.

5- Na guia **Design** clique em **Alterar Tipo de Gráfico**.

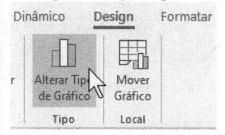

6- Selecione o gráfico **Linha** e clique **OK**.

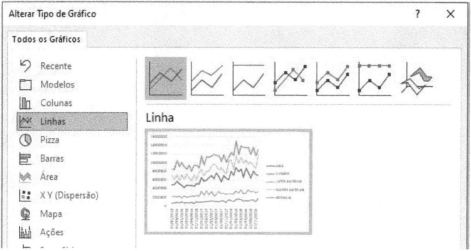

7- Clique no botão com símbolo de "+" (Elementos do Gráfico).
Ative a opção **Legenda** e selecione **Parte Superior**.

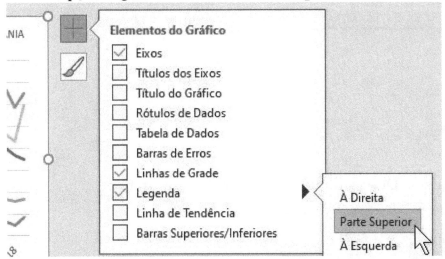

8- Clique com o botão direito no eixo vertical e selecione **Formatar Eixo**.

9- Em **Opções de Eixo**, no grupo **Número** selecione a categoria
Personalizado. Na caixa **Código de Formatação** digite **#.. "M"** clique
em **Adicionar**. Essa ação irá alterar a formatação dos números para
Milhões.

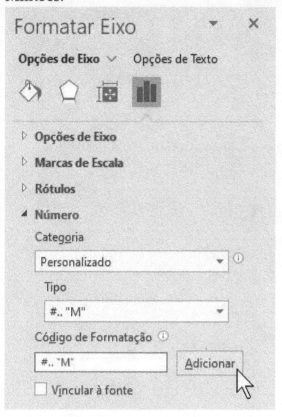

10- Selecione a legenda e altere o tamanho da fonte para 12.

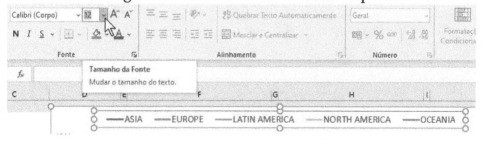

11- Com o gráfico selecionado vá na guia **Formatar** e altere a Altura para **10,46** e a Largura para **29,69**.

12- Na guia **Formatar**, clique em **Contorno da Forma** e selecione **Sem Contorno**.

13- Em **Elementos do Gráfico** ative a opção **Título do Gráfico** e
ínsira o título **Revenue by Month** (Receita por Mês).

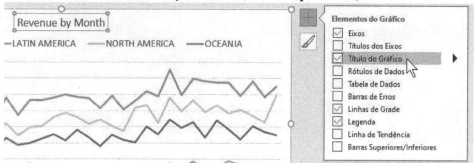

14- Clique com o botão direito sobre o gráfico e selecione **Opções de
Gráfico Dinâmico**.

15- Altere o **Nome do Gráfico Dinâmico** para **cMonthlyRevenue** e
clique **OK**.

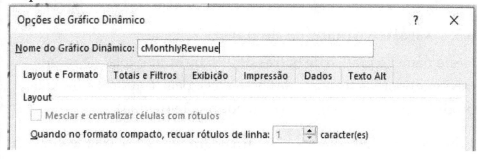

16- Mova o gráfico para ter um resultado similar ao da seguinte imagem.

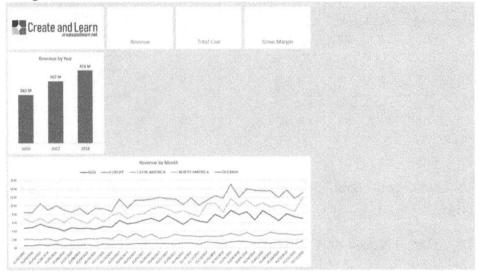

6.5. Gráfico dinâmico de barras

Neste painel o gráfico de barras deverá mostrar o total de receita (revenue) por vendedor (sales manager), país (country) e linha de produto (product line), coloridos por região (region).

1- Na guia **Inserir**, clique em **Gráfico Dinâmico** e selecione **Gráfico Dinâmico**.

2- Selecione a opção **Usar Modelo de Dados deste pasta de trabalho**, selecione também a opção **Planilha Existente** e clique **OK**.

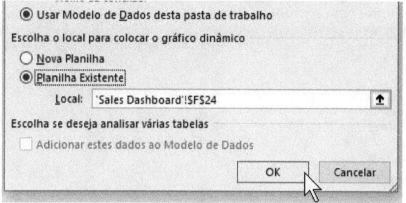

○ Usar Modelo de Dados desta pasta de trabalho

Escolha o local para colocar o gráfico dinâmico

○ Nova Planilha

● Planilha Existente

Local: 'Sales Dashboard'!$F$24

Escolha se deseja analisar várias tabelas

☐ Adicionar estes dados ao Modelo de Dados

OK   Cancelar

3- Mova o campo **Sales Manager** para o grupo **Eixos (Categoria)**, mova o campo **Region** para o grupo **Legenda (Série)** e mova o campo **Revenue** para o grupo **Valores**.

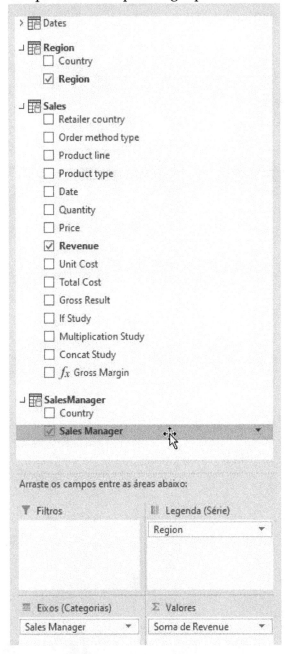

4- Com o gráfico selecionado. Vá na guia **Análise de Gráfico Dinâmico**, clique em **Botões de Campos** e selecione **Ocultar Tudo**.

5- Na guia **Design**, clique em **Alterar Tipo de Gráfico**.

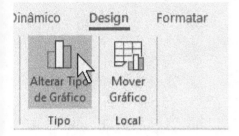

6- Selecione **Barras Empilhadas** e clique **OK**.

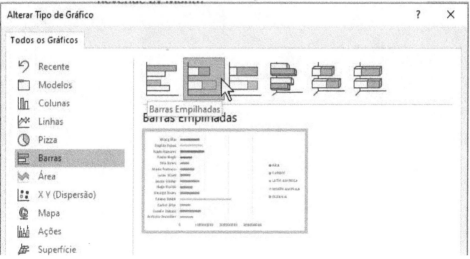

7- Em elementos de gráfico ative a opção **Legenda** e selecione **Parte Superior**.

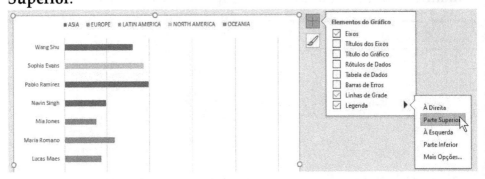

8- Clique com o botão direito no eixo vertical e selecione **Formatar Eixo**.

9- Em **Opções de Eixo**, no grupo **Número** selecione a categoria **Personalizado**. Na caixa **Código de Formatação** digite **#.. "M"** clique em **Adicionar.**

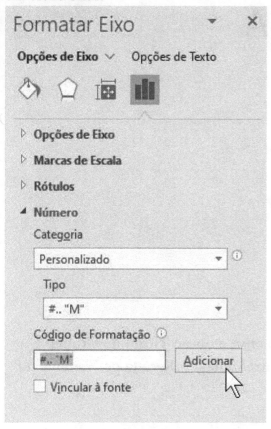

10- Com o gráfico selecionado vá na guia **Formatar** e altere a Altura para **20,41** e a Largura para **15,37**.

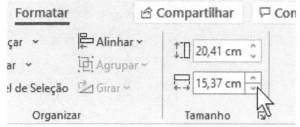

11- Na guia **Formatar**, clique em **Contorno da Forma** e selecione **Sem Contorno**.

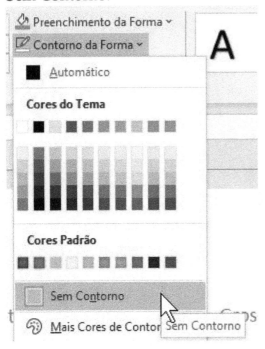

12- Em **Elementos do Gráfico** ative a opção **Título do Gráfico** e digite o título **Revenue by Sales Manager** (Receita por Gerente de Vendas).

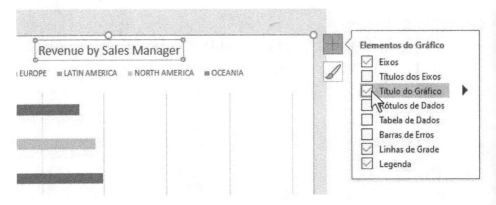

13- Clique com o botão direito no eixo vertical. Na opção **Classificar** selecione **Mais Opções de Classificação**.

14- Selecione a opção **Crescente (de A a Z)** por **Soma de Revenue**. Isso organizará o gráfico por ordem crescente do valor da receita. Clique **OK**

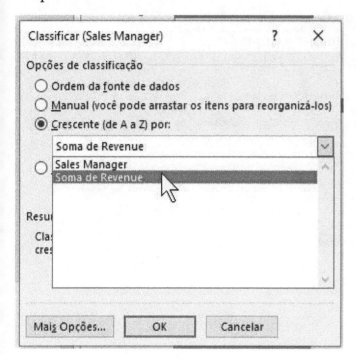

15- Altere o tamanho da fonte do eixo vertical para **11**.

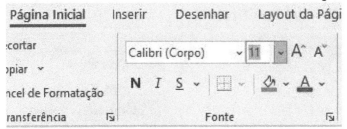

16- Clique com o botão direito sobre o gráfico e selecione **Opções de Gráfico Dinâmico**.

17- Altere o **Nome do Gráfico Dinâmico** para **cRevenueBySalesManager** e clique **OK**.

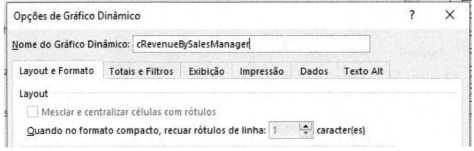

18- Mova o gráfico para obter um resultado similar ao da seguinte imagem.

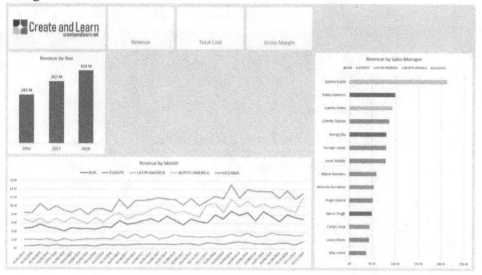

6.6.   (Power) PivotTables

PivotTable ou tabela dinâmica, é uma poderosa ferramenta para calcular, resumir e analisar os dados, permitindo analisar comparações, padrões e tendências. Utilizando o modelo de dados e acessando as consultas de dados externos elas são ainda mais poderosas.

1- Crie uma planilha e altere o nome para **PivotTables**.

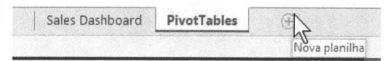

2- Na guia **Layout da Página** desative a opção Linhas de Grade, **Exibir**.

3- Na guia inserir clique em **Tabela Dinâmica**.

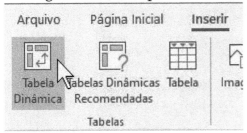

4- Selecione a opção **Usar Modelo de Dados deste pasta de trabalho**, selecione também a opção **Planilha Existente** – Defina o **local** (Célula A1) e clique **OK**.

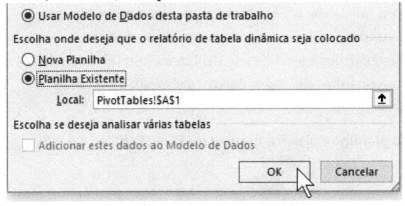

5- Mova o campo **Revenue** para o grupo **Valores**.

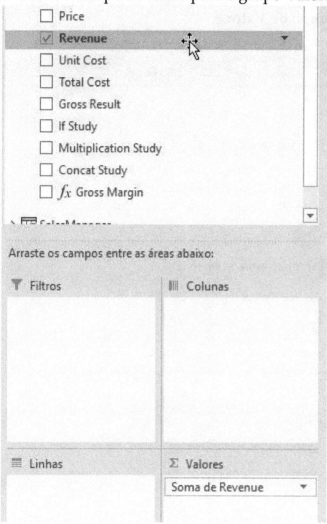

6- Clique com o botão direito sobre a tabela dinâmica e selecione **Configurações do Campo de Valor**.

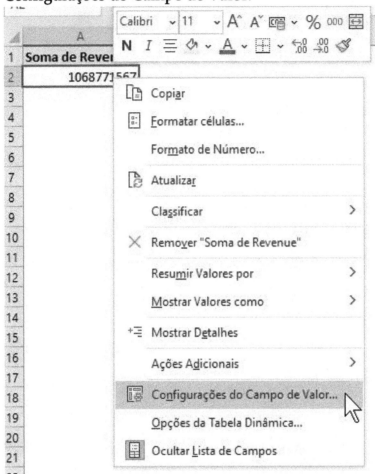

7- Clique em **Formato do Número.**

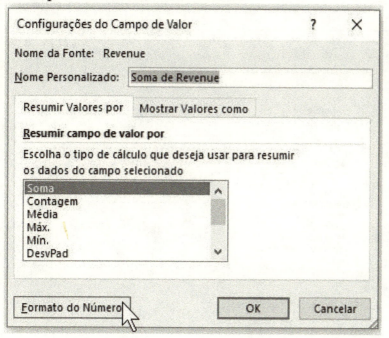

Configurações do Campo de Valor   ?   ✕

Nome da Fonte: Revenue

Nome Personalizado: Soma de Revenue

Resumir Valores por   Mostrar Valores como

Resumir campo de valor por

Escolha o tipo de cálculo que deseja usar para resumir
os dados do campo selecionado

Soma
Contagem
Média
Máx.
Mín.
DesvPad

Formato do Número   OK   Cancelar

8- Selecione a opção **Personalizado** e insira o Tipo #.. "**M**" e clique **OK**.

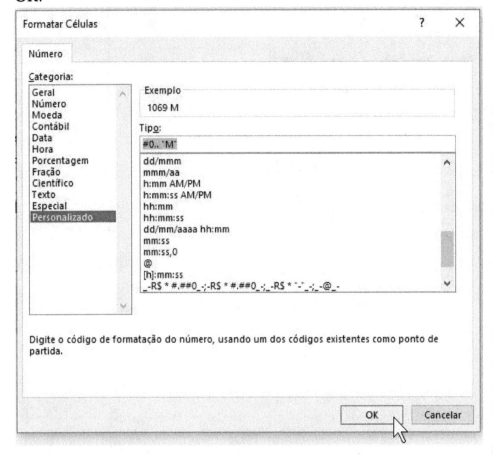

9- Clique com o botão direito sobre o gráfico e selecione **Opções da Tabela Dinâmica**.

10- Altere o **Nome do Gráfico Dinâmico** para **tRevenue** e clique **OK**.

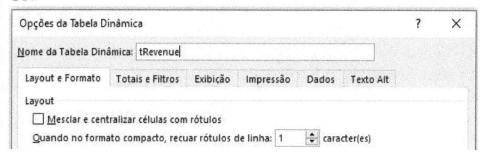

11- Selecione a tabela dinâmica (A1:A2) e clique em copiar. Em seguida selecione a célula **C1** e clique em colar.

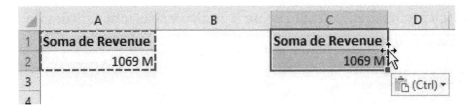

12- Desative o campo anterior **Revenue** e mova o campo **Total Cost** para o grupo **Valores**.

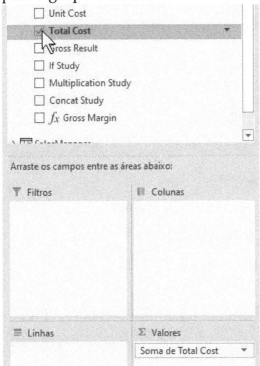

13- Clique com o botão direito sobre a tabela dinâmica e selecione **Configurações do Campo de Valor**.

14- Clique em **Formato do Número**. Selecione a opção
Personalizado e insira o Tipo #.. "**M**" e clique **OK**.

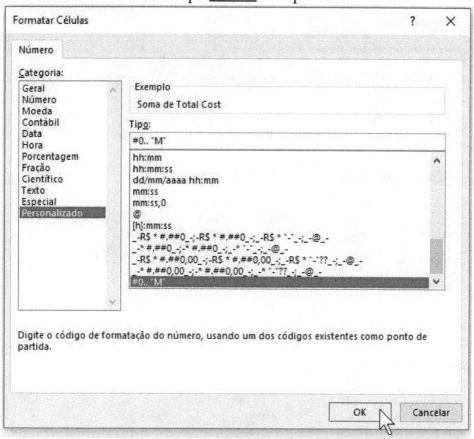

14- Clique com o botão direito sobre o gráfico e selecione **Opções da
Tabela Dinâmica**.

15- Altere o **Nome do Gráfico Dinâmico** para **tTotalCost** e clique **OK**.

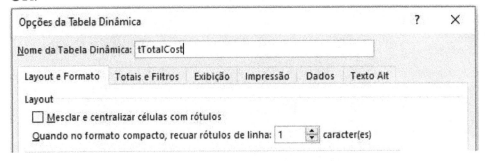

16- Copie a tabela dinâmica e cole na célula **E1**.

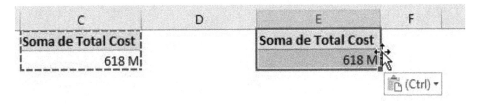

17- Desative o campo anterior e mova o campo **Gross Margin** para o grupo **Valores**.

18- Clique com o botão direito sobre o gráfico e selecione **Opções da Tabela Dinâmica**.

19- Altere o **Nome do Gráfico Dinâmico** para **tGrossMargin** e clique **OK**.

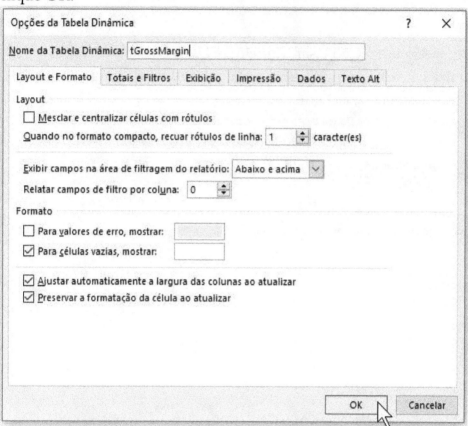

6.7. Conectando um mapa à uma tabela dinâmica.

Alguns visuais como Mapas, e treemaps ainda não estão disponíveis como gráfico dinâmico. Para resolver essa limitação criaremos uma tabela conectada a uma tabela dinâmica.

1- Na guia **Inserir** clique em **Tabela Dinâmica**.

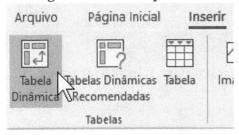

2- Selecione a opção **Usar Modelo de Dados desta pasta de trabalho**, selecione também a opção **Planilha Existente** – Defina o **local** (Célula G1) e clique **OK**.

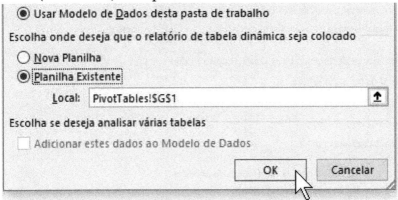

3- Mova o campo **Revenue** para o grupo **Valores**, e o campo
Country para o grupo **Linha**.

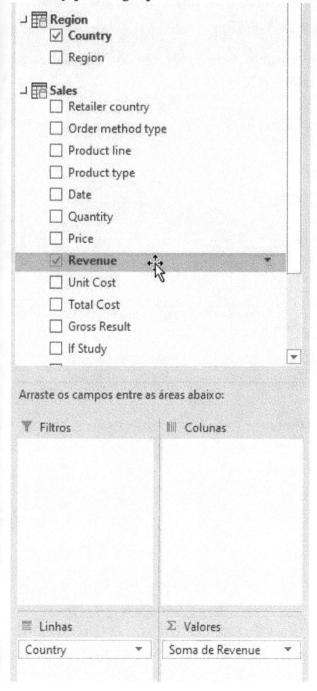

4- Clique com o botão direito sobre a tabela dinâmica e selecione **Configurações do Campo de Valor**.

5- Clique em **Formato do Número**. Selecione a opção **Personalizado** e insira o **Tipo #.. "M"** e clique **OK**.

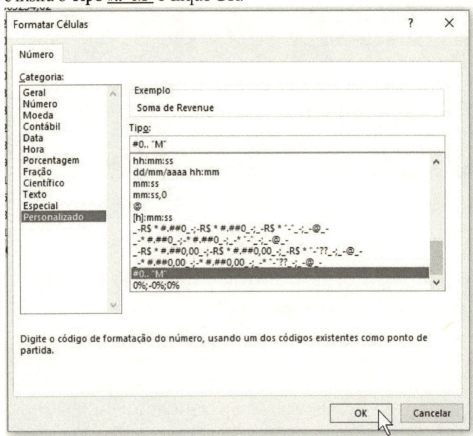

6- Clique com o botão direito sobre o gráfico e selecione **Opções da Tabela Dinâmica**.

7- Altere o **Nome do Gráfico Dinâmico** para **tCountries** e clique **OK**.

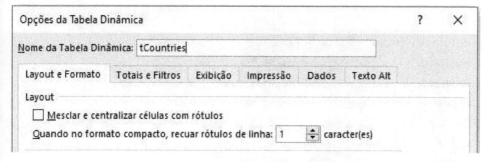

8- Na guia **Design**, clique em **Totais Gerais** e selecione **Desabilitado para Linhas e Colunas**.

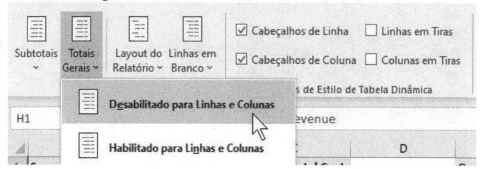

9- Na célula **J1** digite a fórmula **=SE(G1="";"";G1)** e pressione Enter. A fórmula SE (IF) retornará vazio ("") se G1 for vazio ou então retornará o valor de G1.

10- Utilize a alça de preenchimento (canto esquerdo-inferior da célula) para copiar a fórmula.

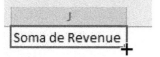

11- Copie a fórmula até a célula **K15** (você pode alcançar o mesmo resultado copiando e colando a célula J1).

J	K
Rótulos de Linha	Soma de Revenue
Australia	37505254,02
Belgium	43282243,39
Brazil	45002831,15
Canada	93023304,97
China	80093878,49
France	86335110,81
Germany	78842459,03
India	49257109,66
Italy	58865551,97
Japan	98992312,38
Mexico	54138859,63
Spain	51641606,86
United Kingdom	79860812,36
United States	211930231,9

12- Selecione o intervalo K2:K15. Clique com o botão direito sobre a seleção e selecione **Formatar células**.

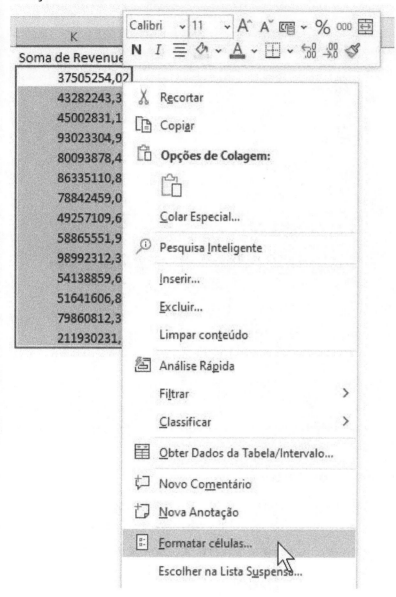

11 Selecione a opção **Personalizado** e insira o **Tipo #.. "M"** e clique **OK**.

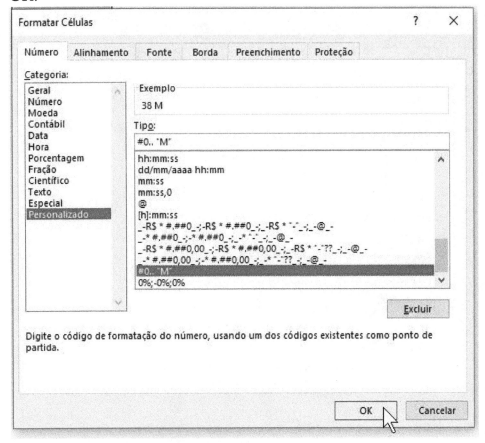

6.8. Finalizando os cartões

Um número único pode ser a coisa mais importante que você deseja acompanhar no dashboard ou relatório, como receita total, total de pacientes etc. Essa visualização também é chamada **cartão**.

1- Selecione a planilha **Sales Dashboard**.

2- Na célula **F2** insira o sinal de **=**.

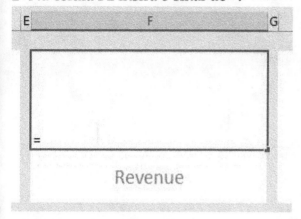

3- Em seguida selecione a célula **A2** da planilha **PivotTables** e pressione Enter para finalizar.

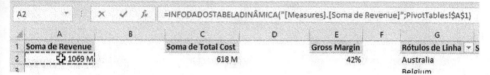

	A	B	C	D	E	F	G
A2			=INFODADOSTABELADINÂMICA("[Measures].[Soma de Revenue]";PivotTables!$A$1)				
1	Soma de Revenue		Soma de Total Cost		Gross Margin		Rótulos de Linha
2	1069 Mi		618 M		42%		Australia
3							Belgium

4- Observe que o Excel criará automaticamente um link utilizando a Função INFODADOSTABELADINÂMICA.

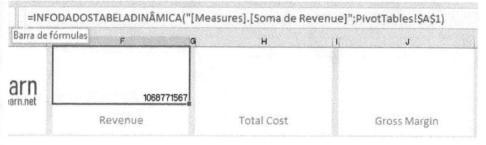

95

5- Repita o processo selecionando a célula **H2** e inserindo o sinal =.

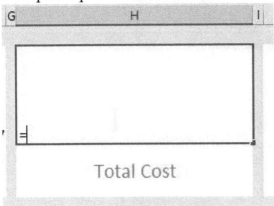

6- Em seguida selecione a célula **C2** da planilha **PivotTables** e pressione Enter para finalizar.

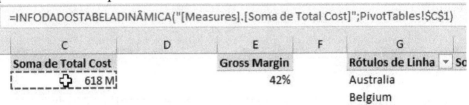

7- Repita o processo selecionando a célula **J2** e inserindo o sinal =.

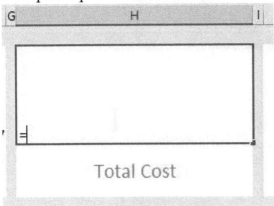

8- Em seguida selecione a célula **E2** da planilha **PivotTables** e pressione Enter para finalizar.

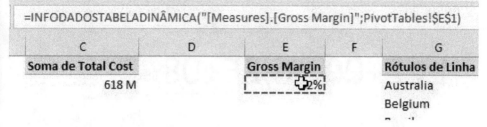

9- Selecione as células **F2**, **H2** e **J2**.

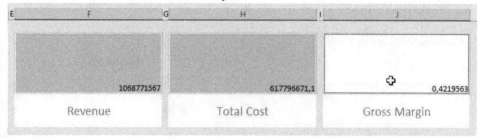

10- Altere o tamanho da fonte para 48.

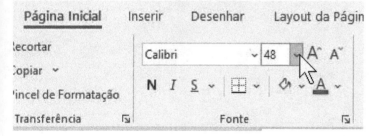

11- Selecione somente as células **F2** e **H2**. Clique com o botão direito sobre uma delas e selecione **Formatar células**.

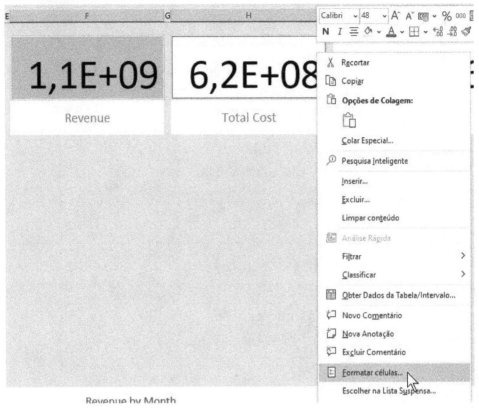

12- Selecione a opção **Personalizado** e insira o Tipo **#.. "M"** e clique **OK**.

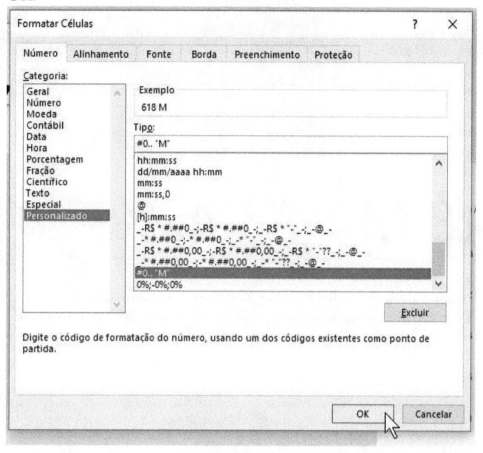

13- Selecione a célula **J2** e altere o estilo para **porcentagem**.

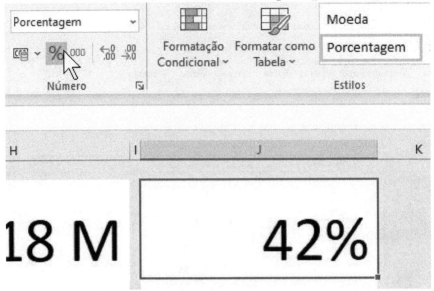

14- Selecione as células **F2**, **H2** e **J2** e clique em **Centralizar**.

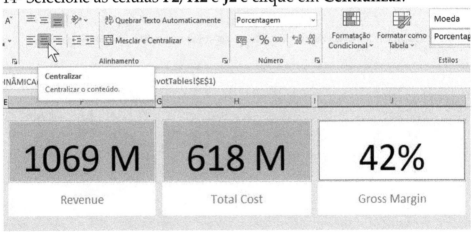

15- O resultado deverá ser similar ao da seguinte imagem.

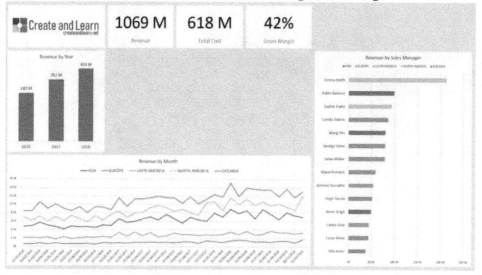

6.9.   Mapa

Neste painel o mapa deverá mostrar a receita por país (retailer country), colorido por região (region) e a intensidade das cores será proporcional à receita (revenue).

1- Na planilha **PivotTables** selecione o intervalo **J1** a **K15**.

	I	J	K	L
1		Rótulos de Linha	Soma de Revenue	
2		Australia	38 M	
3		Belgium	43 M	
4		Brazil	45 M	
5		Canada	93 M	
6		China	80 M	
7		France	86 M	
8		Germany	79 M	
9		India	49 M	
10		Italy	59 M	
11		Japan	99 M	
12		Mexico	54 M	
13		Spain	52 M	
14		United Kingdom	80 M	
15		United States	212 M	

2- Na guia **Inserir**, clique em **Mapas** e selecione **Mapa Coroplético**.

3- Com o gráfico selecionado clique em **Design do Gráfico** e selecione o **Estilo de Gráfico** com fundo branco e bordas demarcadas.

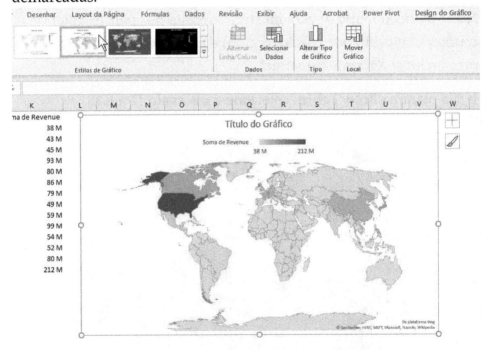

4- Em **Elemento do Gráfico** clique em **Legenda** e selecione **Direita**.

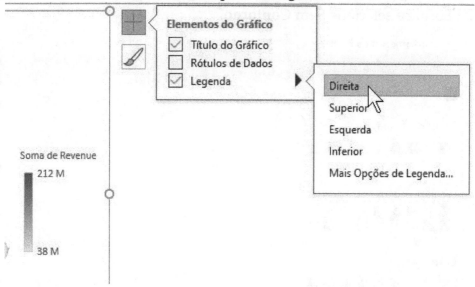

5- Altere o título do gráfico para **Revenue by Country** (Receita por país).

6- Com o gráfico selecionado. Clique na guia **Formatar, Contorno da Forma** e selecione **Sem Contorno**.

7- Clique com o dotão direito sobre o gráfico e selecione **Mover Gráfico**.

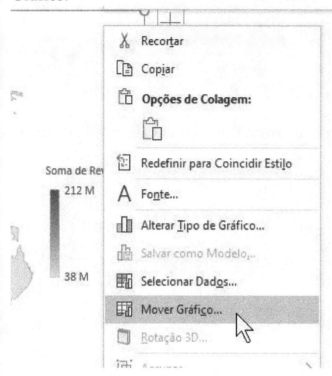

8- Na janela **Mover Gráfico** selecione **Objeto em Sales Dashboard**. clique **OK**.

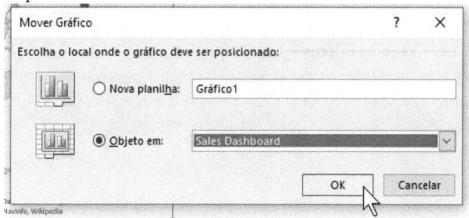

9- Com o gráfico selecionado vá na guia **Formatar** e altere a Altura para **9,62** e a Largura para **19,91**.

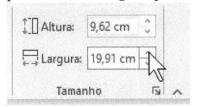

10- Mova o mapa para o centro do Dashboard. O resultado deverá ser similar ao da seguinte imagem.

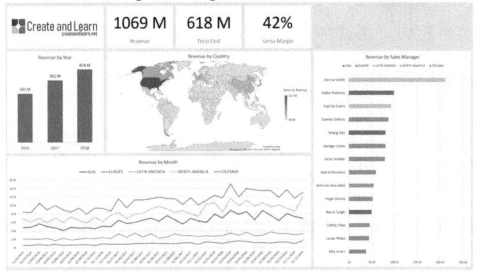

6.10. Criando Filtros – Linha do Tempo

A **Linha do Tempo** e a **Segmentação de Dados** são ferramentas utilizadas para filtrar parte do conjunto de dados mostrado nas visualizações em um relatório como uma específica data, país ou vendedor.

1- Na planilha **Sales Dashboard,** clique na guia **Inserir** e selecione **Linha do Tempo.**

2- Na janela **Conexões Existentes** clique na guia **Modelo de Dados** e selecione **Tabelas no Modelo de Dados da Pasta de Trabalho** e clique **Abrir** para finalizar.

*Observe que as 4 planilhas estarão disponíveis mas você poderá criar filtros somente com os campos de data.

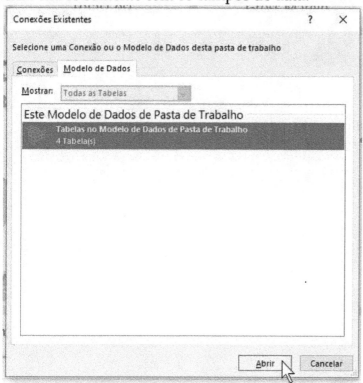

3- Na janela **Inserir Linhas do Tempo**. Utilizaremos as datas da coluna **Date**. Selecione **Date** e clique **OK**.

4- Altere o período da linha do tempo para **Anos**.

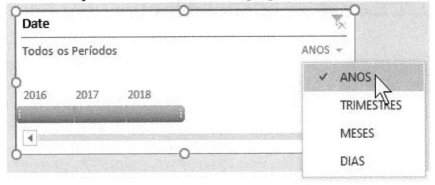

5- Clique com o botão direito sobre o filtro e selecione **Conexões de Relatório**.

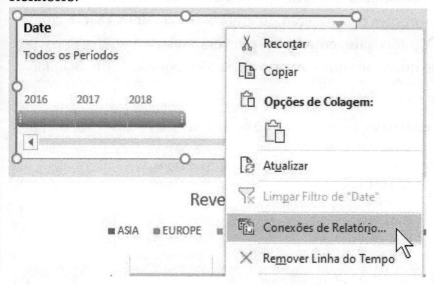

6- Na janela **Conexões de Relatório** você selecionará as tabelas e gráficos dinâmicos que serão conectados com este filtro. Selecione todas as opções com exceção do gráfico **cRevenueByYear**. E clique **OK**. *O gráfico **cRevenueByYear** deverá mostrar todos os anos, por isso não queremos que ele sofra alterações por este filtro de datas.

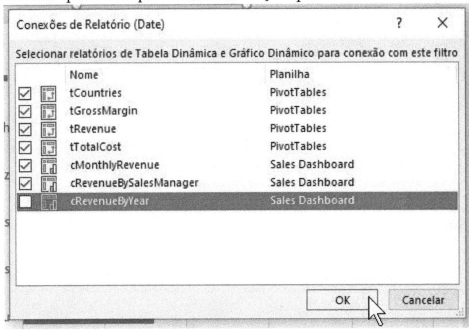

7- Com o filtro selecionado vá na guia **Linha do Tempo** e altere a Altura para **4,00** e a Largura para **6,22**. Mova o filtro à direita do cartão Gross Margin.

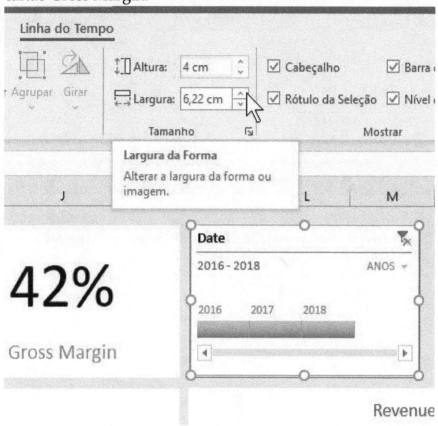

6.1. Criando Filtros – Segmentação de Dados

1- Na guia **Inserir** clique em **Segmentação de Dados**.

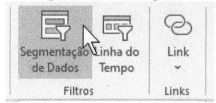

2- Na janela **Conexões Existentes** clique na guia **Modelo de Dados** e selecione **Tabela no Modelo de Dados da Pasta de Trabalho** e clique **Abrir** para finalizar.

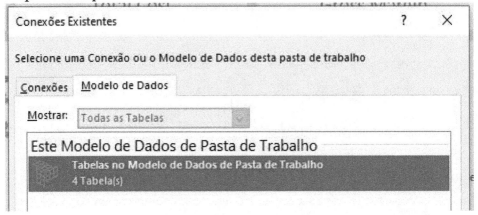

3- Na janela **Inserir Segmentação de Dados**. Selecione **Region** e clique **OK**.

4- Com o filtro selecionado vá na guia **Segmentação de Dados** e altere a Altura para **4,00** e a Largura para **4,4**. Mova o filtro à direita do filtro Date.

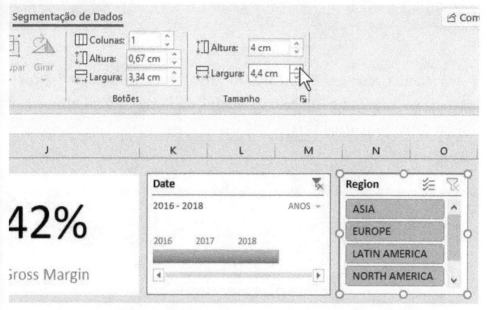

5- Clique com o botão direito sobre o filtro e selecione **Conexões de Relatório**. Selecione todas as opções e clique **OK**.

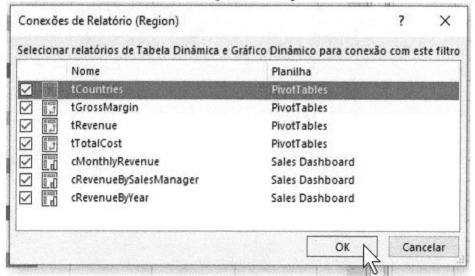

6- Na guia **Inserir** clique em **Segmentação de Dados**.

7- Na janela **Conexões Existentes** clique na guia **Modelo de Dados** e selecione **Tabela no Modelo de Dados da Pasta de Trabalho** e clique **Abrir** para finalizar.

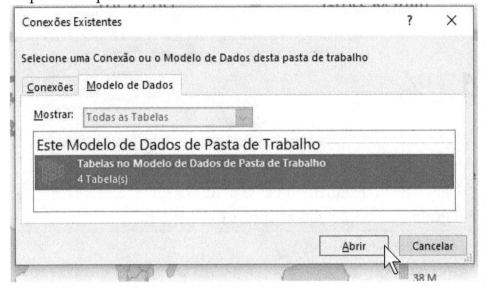

8- Na janela **Inserir Segmentação de Dados**. Selecione **Product line** (Linha de produto) e clique **OK**.

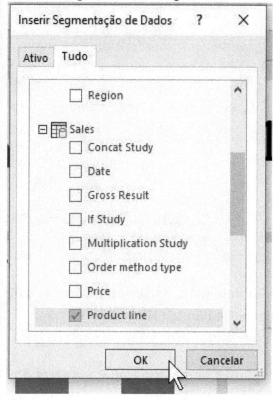

9- Com o filtro selecionado vá na guia **Formatar** e altere a Altura para **4,00** e a Largura para **4,2**. Mova o filtro à direita do filtro **Region**.

10- Clique com o botão direito sobre o filtro e selecione **Conexões de Relatório**. Selecione todas as opções e clique **OK**.

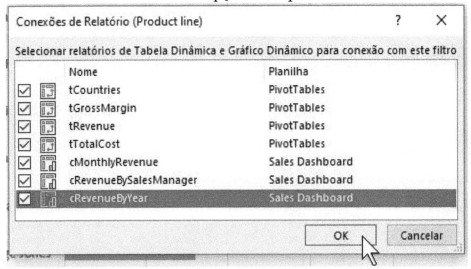

11- Teste todos os filtros para verificar se estão funcionando e observe como eles interagem com o Dashboard.

12- Clique em **limpar filtro** para retornar ao estado original.

13- Parabéns você concluiu a construção de um Dashboard profissional enquanto aprendeu os principais conceitos para obtenção de dados, preparação, modelagem e criação de visuais.

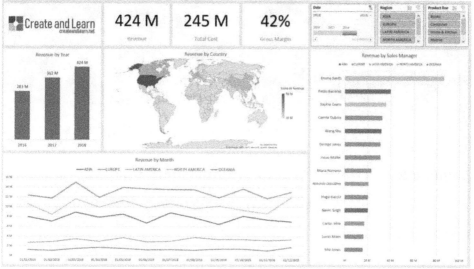

7. Próximos passos

Este livro foi criado para ensinar os fundamentos das ferramentas de BI para Excel de forma prática em um curto período.

Para você continuar progredindo em sua jornada eu listei algumas opções gratuitas ou de baixo custo:

1- *Modifique o atual Dashboard*. Experimente utilizar outros tipos de gráficos, fontes, temas e visuais. Se precisar de inspiração eu modifiquei o dashboard deste livro e este foi o resultado:

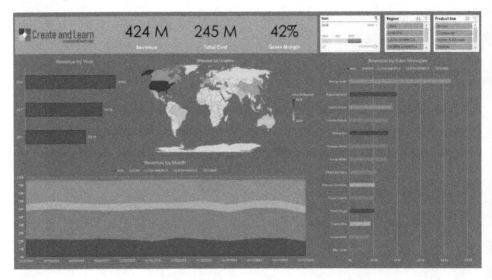

*Dica: Foi utilizado o tema Íon (Clique em **Layout de Página** e selecione **Temas**) e os dois novos gráficos são **Barras Agrupadas** e **Área 100% Empilhada**.*

2- *Tente construir o Dashboard deste livro sem ajuda*. Obtenha os dados, crie os relacionamentos, colunas e medidas calculadas e construa o dashboard. Consulte o livro somente quando necessário.

3- *Espalhe a notícia.* Compartilhe seu Dashboard com colegas e em redes como o LinkedIn. Me adicione na sua rede para que eu possa comentar e conferir seu progresso, no LinkedIn você me encontrará como Roger F. Silva.

4- *Se inscreva nos meus canais* onde semanalmente são adicionados vídeos com dicas e visuais para inspiração. Visite o canal **Create and Learn – Business Intelligence**.

Youtube: youtube.com/channel/UCE4BQDcEuUE9lmCZfviSZLg

Facebook: facebook.com/excelcreateandlearn

LinkedIn: linkedin.com/company/create-and-learn/

Website: createandlearn.net/pt

5- *Aprenda outras ferramentas de dados.* A série **100 páginas** possui diversas opções de aprendizado rápido e com baixo custo. Experimente novas ferramentas e conceitos, isso irá lhe ajudará no processo de se tornar um profissional completo. Visite o site

6- *Não pare!* Aprender nunca foi tão acessível. Busque sites, livros, vídeos e não pare de estudar. Essa é uma excelente forma de manter um cérebro saudável e uma carreira promissora!

8. Obrigado

Obrigado pela jornada! Eu espero que você tenha gostado de aprender com este livro da mesma forma que eu gostei de criá-lo.

Embora a necessidade de trabalhar com dados não seja nova, os processos e ferramentas mudaram drasticamente nas últimas décadas e você tomou a decisão certa de aprender mais sobre essa área.

O que você achou deste livro? Se você gostou de aprender fazendo e se identificou com minha metodologia eu gostaria de pedir um minuto do seu tempo para avaliar este livro. Avaliações dos leitores são extremamente importantes para a continuidade do meu trabalho.

Se você tiver sugestões ou comentários me envie um e-mail ou uma mensagem no LinkedIn – Eu adoraria ter você na minha rede de contatos e acompanhar a sua jornada.

Sucesso!

Roger F. Silva
contact.createandlearn@gmail.com

www.linkedin.com/in/roger-f-silva

https://www.createandlearn.net/

https://www.amazon.com/Roger-F-Silva/e/B07JC8J1L5/

http://www.facebook.com/excelcreateandlearn

https://www.linkedin.com/company/create-and-learn

https://www.instagram.com/createandlearn_net/

https://www.youtube.com/channel/UCE4BQDcEuUE9lmCZfviSZLg/featured

Encontre mais livros da série **100 Páginas** no site

www.100paginas.com.br

www.ingramcontent.com/pod-product-compliance
Lightning Source LLC
LaVergne TN
LVHW041214050326
832903LV00021B/624